Camping mit dem Wohnmobil oder Van für Einsteiger

Wie Sie Ihre Reise einfach planen, entspannt angehen und den perfekten Camping-Urlaub erleben – inkl. der besten Tipps zum Campen

Martin Meiners

INHALT

Vorwort zum Camping

WAS ERWARTET SIE?

Dies soll ein kleiner Ratgeber darüber sein, was alles bei einem Campingurlaub so auf einen wartet. Er hat keinen Anspruch auf Vollständigkeit und kann somit für jeden persönlich beliebig erweitert werden.

Hier fließen allerdings persönliche Erfahrungen von mir ein und entbehren somit keiner reinen Theorie, sondern sind durchaus auch erprobt worden.

ZELT, WOHNWAGEN UND WOHN-MOBIL – DIE QUAL DER WAHL

Wer sich nicht gerade dem Pauschal-Urlaub in weiter Ferne im Hotel hingeben möchte und sich lieber für den selbstorganisierten Urlaub entscheidet, hat hierbei vielerlei Möglichkeiten. Wer gänzlich auf das Hotel oder die Ferienwohnung verzichten möchte, der hat die Möglichkeit, mit dem Zelt, dem Wohnwagen (eigenes Zugfahrzeug vorausgesetzt) oder dem Wohnmobil zu verreisen.

Der Neuling hat hierbei die Qual der Wahl, was er denn ausprobieren möchte bzw. in welche Richtung er sich orientieren möchte. Dieser Ratgeber soll dies nur kurz anreißen, denn eigentlich soll er Tipps fürs Camping an sich geben, nicht das Für und Wider der jeweiligen Campingmöglichkeiten. Es sei nur vorweggesagt, jede dieser Möglichkeiten hat ihren Charme und ihre Daseinsberechtigung, je nach Vorlieben des Reisenden.

Wer sich für das Zelt entscheidet, verzichtet bewusst auf einen Teil seines Komforts, hat begrenzte Pack- und Staumöglichkeiten, ist aber in aller Regel kostengünstiger unterwegs als die anderen beiden Alternativen.

Wer sich für den Wohnwagen entscheidet, hat

mehr Flexibilität am Urlaubsort, da das Zugfahrzeug auf dem Platz entkoppelt ist, hat mehr Staumöglichkeiten, ist aber teurer als das Zelt und (im Vergleich der Neuanschaffungen) in aller Regel günstiger als das Wohnmobil. Es sind somit auch Ausflüge am Urlaubsort unkompliziert möglich. Was wiederum beim Wohnmobil ein leichter Nachteil ist, denn hier kommt bei einem Ausflug immer gleich das ganze Heim mit.

Der große Vorteil von einem Wohnmobil ist jedoch, dass hier ein kompletter Hausstand auf Rädern vorhanden ist und man so ziemlich autark reisen kann. Mobil am Urlaubsort ist man dann jedoch nur mit zusätzlichen Fahrzeugen, sei es Fahrrad, Motorrad und evtl. ein kleines Auto, welches auf einem Anhänger durchaus mitgenommen werden kann. Ein abschließendes Wort: Bei der Qual der Wahl kommt es auch auf die Größe des Geldbeutels an. Preislich können diese Arten des Campens weit auseinander liegen.

Wer also Anfänger ist, dem sei ans Herz gelegt, sich einmal die Vor- und Nachteile genau für sich selbst zu ermitteln und dann nach Mietwohnwägen bzw. Miet-Wohnmobilen Ausschau zu halten. Diese gibt es in jeder größeren Stadt. So kann man am leichtesten feststellen, ob diese Art von Urlaub überhaupt für einen selbst geeignet ist und es reißt nicht gleich ein finanzielles Loch in den Geldbeutel.

WILDCAMPEN

Was versteht man unter Wildcampen? Wildcampen bezeichnet das Übernachten außerhalb von ausgewiesenen Campingplätzen und Stellplätzen (meistens nur mit einem Zelt). In skandinavischen Ländern stellt das Wildcampen kein Problem dar, dort ist es grundsätzlich erlaubt, es sei denn, es ist explizit verboten (dann aber mit Hinweis vor Ort). In anderen europäischen Ländern ist es in aller Regel nicht erlaubt, wird aber teilweise geduldet.

Definitiv nicht erlaubt ist es in Naturschutzgebieten oder ähnlichen schützenswerten Gebieten. Des Weiteren ist zu bedenken: Es gibt keine spezielle „Wildcamping-Verordnung", sondern hier verletzt man eher andere Vorschriften und Gesetze. Falls man z. B. ohne jegliche Einwilligung des Eigentümers eines Grundstückes „wildcampt", dann begeht man in diesem Fall Hausfriedensbruch. In manchen Gegenden Deutschlands ist es aber für eine Nacht erlaubt. Daher sollte man sich vorher, also vor Planung und Durchführung der Reise, erkundigen, was in den jeweiligen Ländern und Bundesländern, also auf der Reise und am

Urlaubsort, erlaubt bzw. verboten ist.

TIERE UND CAMPEN

Nennen Sie Haustiere Ihr Eigen, dann gilt es, sich hier vorher zu erkundigen. Schauen Sie bitte auf der Homepage des jeweiligen Platzes nach, ob Hunde erlaubt sind (weiter Tiere sind im Allgemeinen nicht aufgeführt). Notfalls noch einmal kurz per E-Mail oder per Telefon nachfragen. Manchmal kommt es auch vor, dass nur in einem bestimmten Bereich des Platzes Hunde erlaubt sind.

Des Weiteren denken Sie dann bitte an das dementsprechende Hundegeschirr und an eine geeignete Leine. Die (evtl. gewohnte) 5-m-Schleppleine ist auf einem Campingplatz nicht unbedingt die erste Wahl. Hier sollten Sie lieber zur Flex-Hundeleine greifen. Bitte auch daran denken, je nach Art des Hundes, dass ein Maulkorb vonnöten sein könnte. Evtl. auch noch die erforderlichen Papiere und Medikamente für den Vierbeiner einpacken.

Hundebeutel sind ein MUSS. Diese sollten Sie vorab besorgen, damit Sie diese nicht erst während der Reise besorgen müssen, was dann oft überteuert angeboten wird. Es hat sich dabei durchaus bewährt, hier eine Rolle mit diesen Beuteln je im Fahrgastraum, im Wohnbereich und in der Alltagsjacke zu platzieren.

Alle anderen Tierarten sollten Sie nicht unbedingt zum Campen mitnehmen, da sie sich nicht unbedingt für Reisen eignen.

NÜTZLICHES BEIM CAMPEN, WAS SOLLTE DABEI SEIN?

Hier möchte ich einmal einige Gegenstände aufzählen, die sich als nützlich erwiesen haben. Sie sind kein Muss, das sollte jeder für sich entscheiden, aber auf das eine oder andere würde ich nicht mehr verzichten wollen.

Werkzeug. Zum einen ein Gummi-Hammer für die Heringe, aber auch einen normalen Hammer, denn manchmal kommt man mit dem Gummi-Hammer einfach nicht weiter. Dann einen Schraubendreher, Kreuz- wie auch Schlitzschraubendreher. Es gibt (leider) immer irgendwo eine Schraube, die angedreht werden muss.

Taschenlampe oder auch eine Stirnlampe, am besten beides. Licht kann man nie genug haben. Nicht immer sind die Campingplätze überall beleuchtet und wo sie beleuchtet sind, oftmals auch nicht durchgehend die ganze Nacht.

Hilfreich aus meiner Erfahrung ist auch eine kleine Axt-Spaten-Säge-Kombination. Zu bekommen sind diese für recht wenig Geld im gut sortierten Outdoor-Handel oder auch beim Camping-Ausrüster. Man braucht diese Kombination gern mal, um einen Stein aus der Erde zu holen, um störendes Gestrüpp zu entfernen oder, falls erlaubt, für ein kleines Lagerfeuer, dann ist Kleinholz zu beschaffen und da ist dann so eine Axt definitiv hilfreich.

Seile, Leinen und Spanngurte. Sei es für das (Vor-)Zelt (Gewitter und Sturm können dem Zelt doch recht zusetzen) oder weil einfach etwas angebunden werden muss. Nehmen nicht viel Platz weg, aber erleichtern einiges vor Ort.

Weiterhin, eher allerdings, wenn man elektrisch bewandert ist, einen Multimeter. Gerade um zu überprüfen, ob der Strom im Caravan ankommt oder nicht. Der versierte Camper würde jetzt einwenden, dass man das auch am Lichtschalter erkennen kann; was ist aber, wenn dieser kaputt ist oder das Leuchtelement defekt ist? Ich wollte schon Glühbirne schreiben, aber in der heutigen, modernen Zeit sind nicht mehr unbedingt die guten alten Glühbirnen, sondern auch Halogen- und LED-Elemente verbaut.

Was ich noch gern dabei habe, ist eine Kamera. Manche Bilder möchte ich gern „für die Ewigkeit" festhalten. Wer sich noch intensiver mit Fotos auseinandersetzen möchte, dem sei noch ein Stativ ans Herz gelegt.

Fürs Vorzelt, wenn vorhanden, sollte noch eine separate Lampe eingepackt werden. Nicht nur im Zelt ist dann für Licht gesorgt, sondern evtl. auch vor dem Zelt. Im Dunkeln werden die gespannten Leinen des Vorzelts gern zu Stolperfallen.

Fliegenklatsche. Da kann das Zelt, der Wohnwagen, das Wohnmobil noch so Fliegen-sicher sein, bisher hat es immer eine Mücke herein geschafft, die einem dann den Schlaf raubt.

Feuerzeug. Für romantische Abende mit Kerze oder aber für den Gaskocher, falls die Piezo-Zündung versagt.

Schreibzeug, zumindest ein Kuli sollte immer dabei sein. Sei es, um Formulare am Empfang auszufüllen, ein Kreuzworträtsel zu lösen oder irgendwelche anderen Kleinigkeiten aufzuschreiben. Dabei nicht einen kleinen Block zum Notieren vergessen.

Schere oder Taschenmesser, am besten beides, sollte auch mit dabei sein.

Nähzeug (für das Zelt wie auch für die Kleidung)

ist auch kein verkehrtes Utensil. Es reicht oftmals so ein kleines Set. Die Reparatur soll auch nur für eine gewisse Zeit halten und nicht eine dauerhafte Lösung sein.

Was sich noch bewährt hat, sind sogenannte Schlüsselbänder. Nicht nur, dass der Schlüssel dann um den Hals hängt und man die Hände freihat, sondern der Schlüssel kann im Caravan / Zelt dann aufgehängt werden und ist für jeden im Caravan leicht zu finden (sollte nur nicht offensichtlich im Caravan hängen, falls doch mal ein Langfinger unterwegs sein sollte).

Ein Verlängerungskabel für den Stromanschluss darf nicht fehlen, genauso wie der Adapter für die Campingplätze. Achten Sie hier auf die richtige Länge. 25 m ist hier eine gute Wahl.

Dreifachstecker. Steckdosen hat man immer zu wenig, vor allem, wenn es um elektrische Dinge im Vorzelt geht. Bedenken Sie auch, dass in der heutigen Zeit viele Dinge mit Akku betrieben sind und deshalb eine Lademöglichkeit benötigen.

Gleich dazu noch der Hinweis, genug Ladestecker einzupacken. Natürlich mit den richtigen Ladekabeln (USB-A, -B, -C, -mini, etc.). Wer länger unterwegs ist, sollte sich auch Gedanken machen, ob sich auch ein

Ladekabel für den Zigarettenanzünder lohnt.

Eine Wasserwaage ist ein unbedingtes Muss, da Sie spätestens auf dem Stellplatz Ihren Wagen ausrichten müssen. Dazu aber später noch mehr.

Falls Gasflaschen dabei sind, empfiehlt sich noch ein Druckminderer bzw. ein Tool, um den Füllstand anzuzeigen. Wäre schade, wenn gerade in einer kühlen Nacht oder beim Grillen das Gas ausgeht. Das wäre ärgerlich und vor allem vermeidbar gewesen.

Ein Wasserschlauch für die Frischwasser-Zufuhr kann im Sommer auch mal zum Abkühlen genommen werden. Hier tut es in aller Regel ein Gartenschlauch aus dem wohl sortierten Baumarkt mit einer Länge von 10 m.

Abwasserschlauch. Nicht immer kann man sich so hinstellen, dass der Auslass sich direkt über der Abwasserstelle befindet. Bitte auf die Abdichtung bzw. den Anschluss am Wohnwagen / Wohnmobil achten und nicht nur leicht darüber stülpen. Dabei können Gerüche austreten, die Tiere und Ungeziefer anlocken. Diese können sich dann am Schlauch zu schaffen machen und wenn dieser dann herunterfällt, haben Sie die Bescherung. Dies gilt genauso für das Einleiten des Abwassers. Hier bitte auch darauf achten, dass dieser gegen unbeabsichtigtes Herausziehen gesichert ist. Und möglichst für Menschen sichtbar machen und warnen, nicht das noch jemand drüber stolpert.

Spülmittel zum Geschirr abwaschen. Wird gern in der Eile vergessen. Dazu gehören auch noch Spüllappen bzw. Schwamm sowie ein Geschirrtuch. Packen Sie es lieber doppelt ein. Ein paar zusätzliche Lumpen und Lappen sind auch nicht verkehrt, falls mal etwas anderes als das Geschirr geputzt werden muss.

Waschmittel, um einmal Wäsche zu waschen. Dieses ist in aller Regel nicht in den Gebühren zum Waschen vor Ort enthalten. Es gibt dafür im Einzelhandel oft Reise- oder Singlegrößen. Diese nehmen nicht so viel Platz weg und Sie sind für den Notfall gerüstet.

Für eine kleine Abkühlung bzw. Erfrischung kann eine Solardusche sorgen. Meist ist es eine kleine Handbrause mit einem schwarzen Sack, der im Freien aufgehängt werden kann. Somit wird das Wasser etwas angewärmt und ist nicht ganz so kalt. Nur bitte nicht allzu viel erwarten, das Wasser in diesem schwarzen Sack wird nur um einige Grad angewärmt, es kommt dort nicht kochend heiß heraus.

Achten Sie auf genug Toilettenpapier. Oftmals stellt man in den falschen Momenten fest, dass man doch hätte mehr davon besorgen sollen. Und vor allem haben Sie es bitte griffbereit und in erreichbarer Nähe.

Nicht zu vergessen sind Polster für die Campingstühle. Es sitzt sich einfach weicher und angenehmer, außerdem hat man dann „seinen" Stuhl und der ist dann nach dem eigenen Wohlbefinden gestaltet.

Hilfreich ist auch, eine zusätzliche Decke einzupacken. Manchmal können die Abende recht kühl werden und man möchte dennoch draußen sitzen. Dann ist eine Decke nicht die schlechteste Wahl. Es muss keine dicke Decke sein, es reicht durchaus eine dünne Decke, diese nimmt auch nicht viel Platz und Gewicht weg. Eine weitere Verwendung wäre, diese zusätzliche Decke in der Nacht zum Zudecken zu benutzten, wenn es mal arg kalt wird.

Wetterfeste Kleidung sollte auch noch dabei sein. Eine regendichte Jacke, genauso wie wasserdichte Schuhe. Sind auch Wanderungen bei jedem Wetter angedacht, dann ist auch über eine regendichte Hose nachzudenken. Für die kürzeren Wege empfiehlt sich auch ein Regenschirm.

Die Reiseapotheke sollten Sie auch nicht vergessen. Wenn nötig, sind auf alle Fälle Ihre Alltagsmedikamente mitzunehmen (Blutdruck, Diabetes etc.). Außerdem sollte immer was gegen Mückenstiche bzw. Insektenstiche dabei sein, genauso wie ein Brand- und Wund-Gel und etwas gegen oberflächliche

Schürfwunden. Dann ein Schmerzmittel, etwas gegen Fieber (Fieberthermometer nicht vergessen) und Erbrechen und je nach Belieben auch etwas gegen Übelkeit, Verstopfung, Durchfall oder Juckreiz sowie Nasenspray, Hustensaft. Was auf keinen Fall fehlen darf, ist etwas gegen Sonnenbrand. Pinzette und Zeckenzange sind auch ein Muss. Pflaster und kleine Verbände sollten Sie auch dabeihaben. Desinfektionsmittel gehört dann auch dazu.

Wenn Sie Brillen- oder Kontaktlinsenträger sind, dann vergessen Sie bitte nicht Ihre Reinigungs-Utensilien. Und bitte, wenn möglich, auch eine Ersatz-Brille einpacken sowie Brillenetui bzw. Aufbewahrungsbox für Brille bzw. Kontaktlinsen.

Die Geräuschkulisse beim Campen ist oftmals eine andere als zu Hause. Manches wird deutlich lauter wahrgenommen, weil es von draußen eindringt. Auch liegt man näher beisammen. Für Leute mit einem leichten Schlaf sollte hier dann auch an Ohropax oder Ähnliches gedacht werden.

Machen Sie sich bitte auch Gedanken, wie nasse Kleidung unterwegs wieder trocknen soll. Wenn Sie ein Vorzelt Ihr Eigen nennen, dann kann es hilfreich sein, ein paar Kleiderbügel einzupacken, wenn es sich nur um einige Kleidungsstücke handelt. Soll jedoch eine ganze Waschmaschinen-Ladung getrocknet werden, dann wird doch eher ein Wäscheständer benötigt.

Falls Sie den Wäscheständer nicht mitnehmen wollen, dann sollten Sie zumindest eine Wäscheleine für alle Fälle einpacken. Nimmt keinen Platz weg und man ist für den Notfall gerüstet.

Optional können Sie auch noch eine Klappkiste mit einpacken. Nimmt wenig Platz weg, aber es sieht am Urlaubsort dann doch einigermaßen aufgeräumt aus und es „fliegt" nicht alles umher.

Thema Sonnenschutz: Grundsätzlich sollten Sie sich auch einen Sonnenschutz einpacken, sei es ein Sonnenschirm oder ein Sonnensegel, welches Sie dann aufspannen. Aber ohne Sonnenschutz im Freien zu sitzen, wird auch für die härtesten Sonnenanbeter irgendwann ungemütlich. Nicht zu vergessen ist dann aber auch noch der Sonnenschutz für die Haut, also die Sonnenmilch. Hier ist dabei auf den Lichtschutzfaktor zu achten. Und ganz wichtig, wenn Sie Sonnenanbeter sind, ist die Kopfbedeckung. Sei es der gute alte Strohhut oder ein modisches Basecap, nur ganz ohne sollten Sie sich der Sonne nicht zu lange aussetzen.

Müllbeutel dürfen auf keinen Fall fehlen. Hilfreich sind hierbei unterschiedliche Beutel (im Vorfeld zu besorgen), um der Abfalltrennung auf dem Platz gerecht zu werden, falls es diese gibt. Es kann sein, dass auf dem Campingplatz anders getrennt wird, als Sie es von zu Hause gewohnt sind. Machen Sie sich schlau, welche Geräte Sie mitnehmen und welche Batterien Sie benötigen. Batterien fehlen immer genau dann, wenn man diese nicht mitgenommen hat.

Irgendwie kommt immer Sand in den Wagen bzw. in das Zelt. Daher sollte auch ein Handfeger mit Schaufel nicht fehlen, evtl. auch ein kleiner Besen, dann kehren Sie nicht in gebückter Haltung. Es gibt auch Handfeger und Schaufel mit langen Stielen.

Wenn Sie Konserven dabeihaben, sollten Sie unbedingt auch an den Dosenöffner denken.

Falls Wanderungen bzw. Ausflüge geplant sind, dann sollten Sie auch an Kühl-Akkus denken. Damit bleiben Getränke und andere Sachen unterwegs angenehm kühl und Sie haben dann eine wirkliche Erfrischung.

Für das entspannte Erholen im Freien kann auch eine Luftmatratze in Betracht gezogen werden. Diese kann aber auch als Unterlage bzw. als Matratze im Zelt der Kinder benutzt werden. Falls Sie mit einem Wohnwagen / Wohnmobil unterwegs sind, ist ein Übernachten im eigenen Zelt für Kinder ein Highlight, nicht nur für die Kinder. Nicht zu vergessen ist dann aber noch die Luftpumpe. Mit dem Mund aufzublasen, wird dann etwas schwierig und geht an die Kondition.

In Betracht kommen für einen Strandbesuch auch noch Strandtücher, Strandmuscheln und nicht zu vergessen: ein Strandsafe. Je nach Strand sollte auch noch ein Windschutz in Betracht gezogen werden. Je nach Vorlieben und Personen, vor allem mit Kindern, sollten dann auch Schwimmflügel, Schwimmflossen, Schnorchel, Tauchermaske und Schwimmbrille nicht vergessen werden.

Wenn mehrere Personen mitreisen, dann benötigen Sie auf jeden Fall noch Kopfhörer, damit die anderen nicht unbedingt gestört werden. Evtl. noch ein Adapter, damit zwei Personen das Gleiche hören können.

Nicht unwichtig in der heutigen Zeit sind noch Hand-Desinfektionsmittel und Mundschutz. Von beidem sollten Sie jeweils genug dabei haben.

Mein Tipp: Legen Sie sich eine kleine Liste an, auf der Sie Ihre persönliche Zusammenstellung eintragen und auch bei Bedarf erweitern. So vergessen Sie am Ende des Urlaubs auch nicht, was Sie dabeihatten.

Und vermerken Sie sich bitte auf dieser Liste, wenn Sie etwas im Urlaub dem Nachbarn ausleihen. So vergessen Sie nicht, das Ausgeliehene vor der Abfahrt wieder einzusammeln und einzupacken.

DOKUMENTE

Haben Sie alle benötigten Papiere dabei. Angefangen bei Ihrem Personalausweis und Ihrem Führerschein. Manchmal ist es hilfreich, auch den Reisepass dabeizuhaben, da auf einigen ausländischen Plätzen der Pass als Pfand hinterlegt werden muss. Das ist manchmal ein komisches Gefühl einfach so selbstverständlich seinen Pass abgeben zu müssen, aber es ist leider so. So haben Sie dann zumindest eine zweite Ausweismöglichkeit. Ist der Führerschein noch aktuell? Falls Sie ins Ausland wollen, dürfen Sie das mit diesem? Andernfalls sollten Sie sich noch einen internationalen Führerschein besorgen.

Fahrzeugschein des Zugfahrzeugs und des Anhängers sind mitzuführen.

Die Karten eines Automobilclubs sollten Sie auch mitführen, wenn vorhanden. Sie haben dann nicht nur Vorteile auf dem Campingplatz, sondern auch teilweise schon unterwegs in Form von Rabatten. Und falls eine Panne passiert (wollen wir es nicht hoffen), dann haben Sie auch gleich Notfallnummer und Mitgliedsnummer parat.

Überprüfen Sie auch, ob Sie alle Krankenkarten dabei haben. Die notwendigen und falls vorhanden, auch die von den Zusatzversicherungen. Hierzu zählt auch eine Auslandskrankenversicherung.

Notieren Sie sich noch Sperrnummern für EC- und Kreditkarten. Am besten auch gleich noch die Nummer Ihrer Hausbank. Auch die Nummer Ihres Telefonanbieters, falls das Smartphone verloren geht.

Wenn möglich und notwendig sollten Sie Maut- und sonstige Vignetten schon im Vorfeld bestellen. Dann kommen Sie gar nicht erst in die Not, welche unterwegs besorgen zu müssen, geschweige denn, unvorbereitet in eine Kontrolle zu geraten. Denn das kann dann ganz schön teuer werden.

Haben Sie sonstige Führerscheine? Z. B. Segelschein, Bootsführerschein, Tauchnachweis etc.? Je nach Urlaub sollten auch diese dabei sein.

Wenn Sie Ihren daheimgebliebenen Liebsten und Freunden aus dem Urlaub Grüße übersenden möchten, dann sollten Sie auch eine Adressliste mitführen. Und ganz wichtig ist dabei auch festzuhalten, wer als Notfallkontakt dient, falls Ihnen etwas Schlimmes passiert. Man will nicht an so etwas denken, aber vorbereitet sollte man schon sein.

Da dabei doch einiges an Dokumenten

zusammenkommen kann, empfiehlt es sich hier, eigens eine Dokumentenmappe mitzuführen. Hier gibt es schon schöne Sammelmappen oder auch Taschen, die nicht unbedingt nach einem schnöden Büro aussehen. Soll schließlich handlich verpackt und griffbereit sein.

ESSENSPLANUNG

Je nach Gefährt stehen Ihnen mehr oder weniger Kochgelegenheiten in Anzahl und Qualität zur Verfügung. Es gibt sie als 1-, 2-, 3- oder 4-flammige mobile Kocher. Fest installiert sind meist 2- oder 3-flammige Kochgelegenheiten üblich.

Dies sollten Sie bei Ihrer Essensplanung berücksichtigen, dass hier leichte Einschränkungen gegenüber dem heimischen Kochen sind. Auch ist es (meistens) eine andere Art von Kochen, da Gas benutzt wird. Sinnvoll ist es, sich vorher schon Gedanken zu machen, was Sie im Urlaub essen wollen. Oder gehen Sie lieber Essen? Wenn nicht, dann ergibt es durchaus Sinn, hier dann auch auf die Lebensmittel zu schauen, die Sie vor Ort bekommen oder eben nicht bekommen.

Erkundigen Sie sich vorher schon, wie weit es bis zur nächsten Einkaufsmöglichkeit ist. Sich darauf zu verlassen, dass Sie „mal eben zu Fuß" etwas kaufen können, ist schon so manches Mal danebengegangen und dann ist es nicht schön, wenn das passende Lebensmittel fehlt.

LEBENSMITTEL

Es gibt eine gewisse Grundausstattung, die eigentlich zum Campen dazugehört. Wobei wir hier unterscheiden können zwischen schnell verderblichen Waren oder zumindest mit einem relativ kurzen Haltbarkeitsdatum und den nicht so schnell verderblichen Waren. Das gehört in die nicht schnell verderbliche Lebensmittel-Basisausstattung:

- Nudeln
- Tomaten aus der Dose
- Öl
- Essig
- Gewürze (Salz, Pfeffer, Paprika etc.)
- Knabberzeug, Snacks für den kleinen Hunger zwischendurch oder für den gemütlichen Abend.
- Zucker
- Kondensmilch
- Soßen zum Grillen (Ketchup, BBQ, Cocktail,

Mayonnaise etc.)

- Getränke.

Bitte bedenken Sie auch, dass die Größe Ihres Kühlschranks unterwegs nicht unbedingt der Größe des Kühlschranks zu Hause entspricht. Je nach Einkaufs-Gegebenheiten vor Ort sollte man zumindest fürs Erste Folgendes mitnehmen:

- Milch
- Sahne
- Wurst
- Käse
- Brot
- Butter, Margarine
- Marmelade
- evtl. Gemüse
- evtl. Fleisch.

Diese beiden Aufzählungen sind bestimmt nicht vollständig und Sie sollten sie nach Ihrem Belieben und nach Ihren Bedürfnissen erweitern.

Haben Sie auch an genügend Geschirr, Kochtöpfe und Besteck gedacht? Bei Geschirr und Besteck hat sich gezeigt, dass Sie hier mindestens 2 Garnituren haben sollten. Küchenrollen sind auch eine sehr nützliche Ergänzung zum Lappen. Eine Spülwanne oder eine separate Spülschüssel sind eine gute Wahl, zumal Sie dort auch das gebrauchte Geschirr abstellen können. Schneidbretter mit den dazu benötigten Schneidmessern (Sparschäler nicht vergessen) zum Gemüseschneiden sollten Sie auch dabeihaben. Auf die richtigen Töpfe und Pfannen ist auch zu achten. Nicht jeder Topf bzw. jede Pfanne eignet sich zum Gaskochen.

Es gibt noch einige Elektrogeräte, die ich hier noch aufzählen möchte, die nicht unbedingt notwendig, aber dennoch erwähnenswert sind. Ein Toaster wird, wenn er denn da ist, öfter benötigt, als einem bewusst ist. Wasserkocher: Schnell benötigt man mal heißes Wasser, sei es zum Spülen im Wagen oder aber auch für einen heißen Tee oder Schnellkaffee. Apropos Kaffee: Eine Kaffeemaschine ist auch eine gute Idee; sei es die gute Maschine zum Aufbrühen oder eine Kapselmaschine. Der frische Kaffee gehört für viele einfach dazu.

Bei einer Kapselmaschine bitte auch an genügend Kapseln mit der dementsprechenden Geschmacksrichtung denken.

Zu erwähnen sind noch Mini-Backofen und Heißluftfritteuse sowie Elektropfanne. Der Mini-Backofen eignet sich für Pizza-Baguettes, Lasagne oder Ähnliches, was überbacken werden muss. Die Heißluftfritteuse ist da vielseitiger einsetzbar, aber leider auch etwas größer. Sie ist aber eine hervorragende Ergänzung zum Gasherd. Die Elektropfanne habe ich hier deshalb erwähnt, weil sie meistens größer als die gewöhnlichen Pfannen ist, sie hat einen höheren Rand und eignet sich deshalb für mehr Personen oder größeres Essen, wie z. B. Paella.

WÄSCHE

Noch ein paar Worte zur Wäsche: Auch, wenn es ein Campingurlaub ist, sollte jedoch nicht unbedingt die Mode in die eine wie auch in die andere Richtung ausschlagen. Es gilt, das gesunde Mittelmaß zu finden, was auch der Funktionalität entspricht. Legere Klamotten sind willkommen und kein Problem. Das Golf-Hemd mit den grünen Flecken und den 18-Löchern sollten Sie dagegen eher zu Hause lassen. Ein Jogging- oder

Freizeit-Anzug ist dagegen vollkommen in Ordnung. Funktionswäsche bzw. schnell trocknende Wäsche hingegen werden Sie sehr schnell schätzen lernen.

Auch Mücken-dichte Wäsche erfreut sich immer mehr der Beliebtheit. Sollten Sie Ausflüge machen, so nehmen Sie dazu leichte Wäsche und kleiden Sie sich eher nach dem Zwiebel-Prinzip. Dazu gehört dann auch eine leichte Überwurf-Jacke oder aber auch ein Pulli bzw. Hoodie. Je nach Jahreszeit sollten lange und kurze Hosen den Weg in Ihr Wäschepaket finden, idealerweise lange Zip-off-Hosen. Das sind die Hosen, bei denen Sie die Hosenbeine mittels Reißverschluss kürzen können.

Schuhe sind dabei auch ein wichtiges Thema. Auf dem Campingplatz sieht man immer wieder gern die Hausschuh-Variante, ob mit oder ohne Pelz. Grundsätzlich ist dagegen nichts einzuwenden. Ob dies funktionell ist, sei dahingestellt. Ich würde eher einen leichten Schuh mit Hacke nehmen, da ein offener Schuh die Wadenmuskulatur beansprucht und man auf dem Platz weitere Wege zurücklegt als zu Hause. Was die Ausflüge angeht, sind eher Schuhe in Richtung Sneaker angebracht oder, wenn es um längere Ausflüge zu Fuß geht, dann eher doch richtige Wanderschuhe. Nur sollten Sie sich vor der Fahrt bzw. dem Packen Gedanken machen, da Schuhe Platz wegnehmen. Und Schuhe mitzunehmen, nur weil sie gut aussehen, aber vielleicht nicht angezogen werden, sollten Sie, wenn es geht, vermeiden.

AKTIVITÄTEN WÄHREND DES AUFENTHALTS

Hier kommt es auf die individuellen Vorlieben an, aber Gedanken sollten Sie sich schon vorher machen. Vor allem, wenn Kinder dabei sind, sollten Sie auch darauf achten, dass genug Abwechslung dabei ist, sonst wird es arg langweilig und Sie haben beim nächsten Mal vonseiten der Kinder keine Fürsprache für so einen Urlaub.

Evtl. mal schauen, wo der nächste Spielplatz ist, oder ob auf dem Campingplatz oder in der Nähe weitere Freizeitaktivitäten sind. Oder können Sie die Kinder auch für andere Attraktionen begeistern? Z. B. ein Baumwipfel-Pfad oder interessante Sehenswürdigkeiten in Verbindung mit gewissen Highlights (z. B. Eis essen) ist dann auch von Kindern gern genommen.

Sind keine Kinder dabei, dann können Sie Ihr Programm nach Ihrem Gutdünken gestalten. Aber auch hier ist ein gewisses Vorab-Informieren nicht schlecht, sonst sind Sie im Urlaub etwas planlos. So können Sie Ihren Urlaub entspannter genießen, wenn schon etwas geplant und vorbereitet ist.

Wenn Sie einen Fahrrad-Urlaub geplant haben, dann sollten Sie die Fahrrad-Wander-Routen auch schon im Vorfeld rausgesucht und auch schon nach Alternativen Ausschau gehalten haben. In diesem Fall sollten Sie auch Equipment fürs Fahrrad einpacken. Werkzeug, Ersatz-Schlauch und auch Reparatur- und Reinigungsset sollten dabei nicht fehlen. Und bitte an ein Fahrrad-Navi oder zumindest an eine Navi-App im Handy denken. Schnell kann man sich verfahren und ist dann etwas orientierungslos. Und denken Sie an die Aufladung des Handys. Ist der Akku voll genug? Oder sollten Sie doch lieber noch eine Powerbank mitnehmen?

Bei allem, was Sie planen, sollten Sie bedenken, dass Sie in jedem Fall eine Tasche bzw. einen Rucksack mit Getränken dabei haben sollten. Vielleicht noch eine Kleinigkeit zu essen, wie z. B. einen Müsli-Riegel. Taschentücher sollten auch immer dabei sein. Die sind am besten in einem Rucksack zu transportieren.

Planen Sie auch für Aktivitäten an Tagen mit schlechtem Wetter. Auch hier sollte für genug Abwechslung gesorgt sein. Nehmen Sie Spiele mit. Kniffel oder Scrabble eignen sich gut für solche Tage. Weiterhin sollte auch genug zu lesen dabei sein, seien es Zeitschriften oder auch Bücher. Wenn Sie hingegen eine Leseratte sind, dann darf es auch gern ein E-Reader oder eine App auf dem Tablet sein. Aber vergessen Sie vor Fahrtantritt nicht, sich das dementsprechende Lesematerial darauf zu laden.

Vor der Fahrt

FAHREN SIE NICHT UNVORBEREITET LOS

B etrachten Sie einen Urlaub oder auch eine Reise wie ein Projekt. Projekte führt man auch nicht unvorbereitet durch ...meistens jedenfalls. Es gibt also einiges zu beachten.

PRÜFUNG DES FAHRZEUGS

Egal, ob jetzt das einfache Fahrzeug, in dem nur das Zelt verstaut ist, oder das Zugfahrzeug für den Wohnwagen oder aber das Wohnmobil: Es gilt, den fahrtüchtigen Zustand zu überprüfen – Stichwort Reifen. Je nach Jahreszeit sind Sommer oder auch Winterreifen die Wahl. Bitte im Winter nicht vergessen,

Schneeketten dabeizuhaben, denn wenn es in die Berge geht, kann das durchaus auch mal Voraussetzung sein. Dann gilt es zu überprüfen, ob noch genug Profiltiefe vorhanden ist. Je mehr, desto besser. Im Winter nicht nur die Mindestprofiltiefe beachten.

Reifendruck: Auch ist es wichtig, den richtigen Reifendruck zu wählen. Hier bitte ins Handbuch des Fahrzeugs schauen, wie viel Reifendruck optimal ist, falls andere Reifengrößen verwendet werden, beim Reifenhändler nachfragen. Wichtig: vor Fahrtantritt messen. Im Hinterkopf behalten, dass sich der Reifen während der Fahrt erwärmt und sich somit auch der Reifendruck noch ändert, mithin dann auch die Fahreigenschaften.

Falls ein Wohnwagen dabei ist, hier bitte genauso darauf achten. Bei der 100er-Zulassung für den Anhänger ist außerdem noch auf das richtige Alter der Reifen zu achten. Auch sollten die Radmuttern noch einmal angezogen werden (bitte darauf achten, dass auch das Rad-Kreuz mit der richtigen Größe für die Radmuttern dabei ist). Auch bei einem Anhänger sind die Bremsen zu prüfen. Nicht die Auflaufbremse und Handbremse bei gebremsten Anhängern vergessen. Das Zugseil muss intakt sein. Dann gilt es, die Lichtanlage zu testen. Funktionieren alle Lichter, Bremslichter und Blinker – auch am Anhänger?

Sind alle Flüssigkeiten genügend vorhanden? Kühlwasser, Wischwasser, Ölstand kontrollieren.

Wie steht es mit dem Reserverad? Ist es vorhanden? Wenn ja, stimmen hier noch die Profiltiefe und der Reifendruck? Benötigt das Reserverad andere Radmuttern? Falls Wohnwagen oder Wohnmobil: Ist der TÜV noch gültig? Ist eine gültige Gas-Prüfung vorhanden? Ist genügend Gas dabei? Lieber können Sie daheim noch Gas besorgen, auf dem Campingplatz ist es meist etwas teurer. Sind alle Gummidichtungen in Ordnung? Auf mögliche Risse achten!

Direkt vor Fahrtantritt: Ganz wichtig: Sind alle Fenster, Türen und Luken zu? Alle Stützen hochgedreht, Stützrad eingefahren? Außen-Stromkabel abgezogen? Satelliten-Schüssel im Fahrmodus? Gas abgedreht? Innentüren, Schranktüren und Kühlschranktür verriegelt?

Der Kühlschrank sollte vorgekühlt sein, damit Sie mit verderblichen Waren keine Überraschung erleben. Denn mit dem Einschalten ist der Kühlschrank leider nicht sofort kalt, sondern benötigt einige Zeit.

FRISCHWASSERTANK VOLL ODER NICHT VOLL, DAS IST HIER DIE FRAGE

Ich würde hier eher sagen: „Es kommt darauf an". An diesem Punkt scheiden sich die Geister. Es gibt Vorteile, wenn der Frischwassertank voll ist. Man hat es bequemer am Ankunftsort. Es kommt während der Fahrt nicht so viel Masse in Bewegung. Bei Luft im Tank hat das Wasser die Möglichkeit, sich zu bewegen, was bei einem vollen Tank nicht der Fall ist ... Ist der Tank jedoch nur teilweise befüllt, kann es dazu kommen, dass, je nach Lage, Schlinger-Gefahr besteht, da sich das Wasser im Tank freier bewegen kann. Man hat zusätzliches Gewicht „an Bord", was die restliche Zuladung verringert. Auch kommt ein höherer Spritverbrauch hinzu.

Was Sie auf jeden Fall machen sollten, falls vorhanden, ist, den Abwassertank zu leeren. Das wäre unnötiges Gewicht und Sie haben somit unterwegs keine Sorgen mit dem „Geschäft".

FALSCHE BELADUNG

Es gilt, auf die genaue Gewichtsverteilung zu achten, in Längs- wie auch in Querrichtung. Beim Wohnwagen ist speziell darauf zu achten, dass die Stützlast an der Deichsel nicht überschritten wird. Die Stützlast lässt sich relativ einfach mit einer Personenwaage messen. Das Gesamtgewicht ist da schon schwieriger zu ermitteln. Oftmals findet sich bei einem Wertstoffhof, einer Genossenschaft oder auch einem Kieswerk eine (Lkw-)Waage. Viele sind so freundlich (gegen eine kleine Spende in die Kaffeekasse) das Gewicht zu ermitteln. Dann sind Sie auf jeden Fall auf der sicheren Seite.

Grundsätzlich sollten Sie auch die schweren Sachen so weit wie möglich nach unten packen und die leichten Sachen oben darüber. Damit verlagert sich der Schwerpunkt auch so weit wie möglich nach unten.

Angekoppelt bzw. nach Beladung sollten Sie überprüfen, ob auch gleichmäßig beladen wurde. In Querrichtung lässt sich dies leicht anhand einer Wasserwaage (wie weiter oben erwähnt, sollte diese also definitiv nicht fehlen) überprüfen. In Längsrichtung ist Stützlast ausschlaggebend. Insgesamt sollte das Gespann von der Seite betrachtet einen „geraden"

Eindruck machen. (Je schiefer der erste Eindruck, desto größer ist die Wahrscheinlichkeit unterwegs einen ungeplanten Stopp mit der Polizei einzulegen.)

UNGESICHERTE (BE-)LADUNG

Nicht nur falsche Beladung kann gefährlich sein, auch ungesicherte Beladung zählt immer wieder zu den Ursachen unerwarteten Fahrverhaltens, was nicht selten in einem Unfall endet. Daher sind lose Gegenstände im Wageninneren zu vermeiden.

Beim Wohnwagen und Wohnmobil ist zudem darauf zu achten, dass auch die Sachen in den Schränken relativ fest verstaut sind. Schranktüren sind gegen unbeabsichtigtes Öffnen zu sichern. Nicht, dass sich bei einer Vollbremsung die Türen öffnen und dann doch etwas von den Sachen sich im Wageninneren verteilt oder im schlimmsten Fall durch die Scheiben fliegt und somit noch schwerere bzw. ernstere Sachen passieren.

Alle Türen sollten verschlossen, nach Möglichkeit auch abgeschlossen sein. Zwischentüren auch verschließen.

Das Mitführen von Personen im Wohnwagen während der Fahrt ist grundsätzlich verboten. Im Wohnmobil hingegen schon, jedoch nur an den dafür vorgesehenen Sitzplätzen, die eine Sicherheitseinrichtung, also einen Sicherheitsgurt, haben.

WAHL DES CAMPINGPLATZES

Hier sind Ihre persönlichen Vorlieben gefragt. Soll es eher etwas ruhig sein oder eher touristisch ansprechend, etwas fernab oder lieber im Trubel des Geschehens? Nicht ganz zu unterschätzen ist die Lage in Bezug auf Motorradstrecken. Meist ist der Campingplatz sehr schön gelegen, allerdings, wenn er an einer Motorradstrecke liegt, dann kann das durchaus mit der dementsprechenden Geräuschkulisse verbunden sein.

In Zeiten des Internets sollten Sie sich aber durchaus auch die Plätze einmal anschauen. Auf den Bildern ist auch die Vegetation zu sehen. Dies lässt oftmals auch einen Rückschluss auf die Bodenbeschaffenheit zu.

Das ist wichtig, wenn man Heringe in den Boden schlagen möchte, wenn es sich z. B. um einen steinigen, felsigen Untergrund handelt. Oder wenn es ein sehr weicher, feuchter Untergrund ist, dann kann es durchaus passieren, dass hier erschwerte Bedingungen beim Rangieren herrschen, vor allem, wenn es gerade geregnet hat bzw. feuchtes Wetter herrscht. Auch kann man sehen, ob es sich um einen Terrassenplatz handelt. Wie ist hier die Zuwegung? Wie sind dort die Platzverhältnisse? Wie sind die Rangierverhältnisse?

Viele Campingplätze bieten auch eine Platzübersicht im Internet an. Hier können Sie sich auch schon einen ersten Überblick verschaffen, wo Ihr möglicher Stellplatz sein könnte und wie weit es zu etwaigen Örtlichkeiten ist, wie z. B. See, Waschhaus, Rezeption, Restaurant, Einkaufsmöglichkeiten, etc.

Auch ist hier dann ersichtlich, ob es sich um parzellierte oder freie Stellplätze handelt. Bei parzellierten Stellplätzen kann man dann auch oft noch nach Größe und Anschlussmöglichkeiten unterscheiden.

Ein weiterer Blick auf die Homepage lohnt sich in Bezug auf örtliche Gegebenheiten und „persönliche" Empfehlungen. Wer sollte sonst die eigenen Sehenswürdigkeiten kennen, wenn nicht der, der dort wohnt?

Nicht unerheblich sind auch bei den gewählten Optionen die Preise. Vergleichen lohnt sich. Werfen Sie auch einen Blick auf die Optionen, die möglicherweise im Preis inbegriffen sind. Dabei lässt sich auch mancher Euro einsparen oder ein Mehr an Leistung herausholen.

Stichwort Bewertungen: Interessant sind oftmals die Rezensionen von Besuchern, die bereits dort gewesen sind und Sie können sich dort ein etwas realeres Bild machen. Klar, das ist subjektiv gefärbt, da hier die persönlichen Erfahrungen der Gäste einfließen, aber man liest dort oft viele interessante Sachen, die so nicht auf der Homepage stehen.

PLANUNG DER ROUTE

Bei der Planung der Route kommt es auf das Fahrzeug an. Sind Sie nur mit einem normalen Fahrzeug unterwegs, so haben Sie nahezu keine Einschränkungen, es sei denn, es ist Ihren persönlichen Vorlieben geschuldet (z. B. Serpentinen sind manchen nicht ganz geheuer). Sind Sie jedoch mit einem Gespann oder einem Wohnmobil unterwegs, dann ist das schon etwas anderes. Hier gilt es, die Gegebenheiten der Route wie auch des Fahrzeugs zu beachten, hinsichtlich der Länge sowie des zulässigen Gesamtgewichts. Mancherorts gibt es Gewichtsbeschränkungen und mancherorts sind die örtlichen Gegebenheiten in Bezug auf Länge und Höhe eingeschränkt.

Planen Sie auch frühzeitig Pausen, doch dazu später mehr. Evtl. lohnt es sich, die Pausen mit einem geplanten Stopp und Besuch von Sehenswürdigkeiten oder einem Essen zu verbinden? Sie vermeiden damit auch, dass Sie sich Ihren Rastplatz erst noch suchen müssen und dann womöglich „umherirren".

Mein Tipp: Wenn Sie sich unsicher sind, planen Sie die Route mit mehreren Online-Routenplanern. Wenn alle „grünes Licht" geben, dann ist die Gefahr, dass etwas Unerwartetes in Bezug auf die Route eintritt, sehr unwahrscheinlich.

KANN MAN HEUTIGEN NAVIS BLIND TRAUEN?

Ich würde sagen, es kommt darauf an. Es gibt zum einen die sogenannten Offline-Navis und die Online-Navis. Offline bezieht sich darauf, dass hier Karten–material auf einem lokalen Gerät verwendet wird. Dies ist in aller Regel ein- bis zweimal im Jahr mit einem Update versehen. Diese Navis benötigen keine laufende Internet-Verbindung. Online-Kartenmaterial wird aktuell aus dem Internet bezogen.

Hier wird auch auf aktuelle Gegebenheiten eingegangen (Baustellen, kurzfristige Sperrungen, Stau etc.). Es wird also ständig Datenvolumen verbraucht. Für jemanden mit einer Flatrate stellt das kein Problem dar, jedoch, wenn man nach Volumen bezahlt, schon.

Was jedoch beachtet werden sollte: Bei den

meisten Navis kann das Fahrzeug und auch die Routenwahl eingestellt werden. Daher bitte immer vorher daran denken, dass hier noch einmal ein Blick reingeworfen und das richtige Fahrzeug mit den Gegebenheiten ausgewählt wird.

DER WEG IST DAS ZIEL

Für viele beginnt die Reise schon beim Verlassen des eigenen Hofes. Noch mal einen Blick auf das Navi, ob auch wirklich die richtige Route und vor allem das richtige Ziel genommen wurden. Wäre schade, wenn Sie sich eine Panorama-Route herausgesucht hätten, dann das Navi aber doch die Autobahn nimmt. Ein kleiner Hinweis noch beim Gebrauch von Online-Navis (z. B. Google Maps, Waze etc.), hier ist es in der Vergangenheit öfter vorgekommen, dass diese von der ursprünglichen Route abgewichen sind, da das Navi der Meinung war, eine bessere Route zu kennen.

Es schadet also nicht, sich vorher die Route einmal angeschaut zu haben und sich vielleicht gewisse markante Punkte zu merken.

WAS SOLLTE IN GREIFBARER NÄHE WÄHREND DER FAHRT SEIN?

Kleingeld. Ganz wichtig für Parkuhren / Parkscheinautomaten. Nicht alle sind bereits auf Kartenzahlung umgerüstet. Auch wichtig für die Raststätten unterwegs, um Eintritt zum WC zu bekommen, oder aber, um Trinkgeld dort zu lassen.

Kreditkarte, wenn Sie im Ausland unterwegs sind und dort Mautgebühren anfallen. Aus der Erfahrung kann ich sagen, es ist wesentlich angenehmer und einfacher, mit der Kreditkarte zu bezahlen. Auch hat die Kreditkarte im Ausland eine höhere Akzeptanz als in Deutschland.

Parkscheibe. Auch die sollte nicht allzu weit weg sein. Manchmal hat man noch das Glück, einen Parkplatz mit Parkscheibe zu erwischen.

Tempo-Taschentücher / Allzweck-Feuchttücher. Immer, wenn man sie benötigt, sind sie nicht da. Daher vor Fahrtantritt griffbereit zurechtlegen.

Getränke sollten griffbereit sein. Sie bekommen schneller Durst als Sie denken. Wenn dann die Getränke nicht parat sind, ist man leicht abgelenkt.

Wenn schon Getränke, dann auch eine Kleinigkeit

zu essen. Kekse sind hier keine schlechte Wahl.

Bei Mitführung von Hunden sollten die Hundebeutel auch griffbereit sein.

Sonnenbrille. Die Sonne kann doch mal recht schnell hervorkommen und dann sollte die Sonnenbrille parat liegen und Sie sollten sie nicht erst lange suchen müssen. Im schlechtesten Fall im Blindflug unterwegs zu sein, gefährdet nicht nur Sie, sondern auch andere.

Während der Fahrt

AUF ANGEPASSTE FAHRWEISE ACHTEN

Bei „nur" einem Fahrzeug ist darauf zu achten, dass Sie jetzt mehr Gepäck und evtl. mehr Personen im Auto haben.

Wenn Sie allerdings mit Gespann oder gar Wohnmobil unterwegs sind, dann hat es wahrscheinlich komplett andere Fahreigenschaften als Ihr normales Alltagsfahrzeug (wenn Sie nicht gerade in der Fahr-Branche unterwegs sind).

MIT DEM NICHT-MITDENKEN DER ANDEREN RECHNEN

In der heutigen Zeit ist es wichtig, auch mit dem Fehler, oder besser bzw. vorsichtiger gesagt, dem Nicht-Mitdenken anderer zu rechnen, nahezu schon einzuplanen. Nur Sie selbst wissen, wie lang, wie hoch und wie schwer Ihr Fahrzeug, ob mit oder ohne Gespann, ist. Daher können auch nur Sie Situationen auf Ihr eigenes Fahrzeug am besten bewerten. Lieber etwas vorsichtiger unterwegs sein, als bis auf den letzten Zentimeter auf sein Recht pochen. Das geht leider im Zweifelsfall schief und Sie haben dann nichts mehr von Ihrem Gefährt und möglicherweise noch einen gesundheitlichen Nachteil.

FAHREN MIT ANHÄNGER

Das Fahren mit Anhänger ist manchmal nicht so einfach, wie es aussieht. Es kommt zudem darauf an, ob der Anhänger nur eine oder doch zwei Achsen hat. Und ob eine sogenannte Schlinger-Kupplung vorhanden ist. Bei einem Anhänger mit einer Tandem-Achse ist das Fahren relativ angenehm, da die beiden Achsen stabilisierend wirken und eine ruhige Geradeaus-Fahrt ermöglichen (bis zur physikalischen und auch rechtlichen Grenze). Durch diese Stabilisierung aber lassen sie sich nur recht schwer rangieren bzw. eng Kurven fahren. Auch mit einer Schlingerkupplung ist die Geradeaus-Fahrt leichter, enge Kurven hingegen sind mit Gefühl zu fahren.

Ein weiterer Fehler, der oft zu sehen ist, wenn das Gespann erst einmal zu schlingern angefangen hat, wird vielfach noch mehr Gas gegeben, um das Gespann zu beruhigen. Aber genau das ist der Fehler. Hier hilft nur, konsequent die Geschwindigkeit durch gezieltes, aber nicht panisches Bremsen herauszunehmen. Nur dadurch beruhigt sich das Gespann wieder und es kommt zu einer Normalisierung der Fahrt.

PAUSEN

Pausen sind sehr wichtig. Ein Grundsatz lautet daher, lieber eine Pause mehr als eine zu wenig. Ein guter Anhaltspunkt hierzu ist, eine Pause alle 2 Stunden einzulegen. Dies können Sie auch in Ihre Routenplanung einbeziehen, evtl. mit POIs verbinden. Points of Interest sind interessante Punkte, die durchaus sehenswert sein können. So können Sie Ihre Reise damit interessanter und abwechslungsreicher gestalten und kommen schlussendlich auch entspannter an.

Wenn Sie eine Pause einlegen, steigen Sie aus, gehen Sie ein paar Schritte, machen Sie ein paar Kniebeugen und lassen Sie frische Luft ins Fahrzeuginnere. Trinken Sie etwas, lenken Sie sich ab, ruhen Sie sich aus. Manche gehen ein paar Schritte. Sie werden sehen, Sie fahren mit einer ganz anderen Energie weiter.

Am Campingplatz angekommen

WAHL DES RICHTIGEN STELLPLATZES

A m besten wäre es, sich vorab informiert zu haben und dann nach diesem Stellplatz fragen. In aller Regel weiß dann die Empfangsperson, welche Vorlieben Sie haben und kann Ihnen, falls der Stellplatz belegt ist, direkt eine Alternative nennen.

RICHTIGES AUSRICHTEN

Ganz wichtig ist es, den Wagen, sei es Wohnwagen oder Wohnmobil, richtig auszurichten. Sowohl im Bezug auf die Ausrichtung des Wagens auf dem Platz, als auch in der Waage. Achten Sie nicht auf die Waage, werden Sie nicht gut schlafen. Jedes Grad aus der Waage führt definitiv zu Rückenschmerzen in der Nacht. Sie werden es am nächsten Tag freiwillig machen.

Aber da sollte eigentlich der erholsame Teil des Urlaubs begonnen haben. Somit ist die eingangs erwähnte Wasserwaage eigentlich kein optionales Utensil, sondern eher ein obligatorisches.

Zum Ausrichten gehören auch die richtigen Standböcke, Unterlegplatten und evtl. auch Unterfahrkeile. All das verhindert, dass der Stand des Wagens sich während des Aufenthalts verändert und es zu unmerklichen und unvorhergesehenen Veränderung kommt.

FRISCHWASSER / ABWASSER / TV / WLAN / TRESOR

Benötigen Sie Frischwasser oder gar Abwasser direkt am Stellplatz? Dann sollten Sie dies gleich bei der Zuweisung des Stellplatzes erfragen. Nicht immer sind alle Stellplätze mit Frisch- und/oder Abwasser ausgestattet. Und es ist darauf zu achten, wie weit Frischwasser und Abwasser vom Stellplatz entfernt sind. Sind die eingangs erwähnten Schläuche ausreichend?

Falls Sie nicht unbedingt Abwasser am Stellplatz benötigen, fragen Sie gleich zu Beginn, wo sich die nächste Abwasser-Möglichkeit befindet. Sind diese nur zu Fuß zugänglich oder auch mit dem Fahrzeug? Direkt-Ablass oder nur mit Schlauch?

Wo befindet sich die Abwasserstelle für Chemie-Toiletten? Ist diese separat zugänglich, falls z. B. Toiletten- bzw. Waschhäuser geschlossen werden?

Manchmal ist auch ein TV-Anschluss am Stellplatz verfügbar. Hier liegt es an Ihnen, ob dieser für Sie wichtig ist. Die meisten Caravan-Systeme können autark betrieben werden, einige Wohnwägen und Wohnmobile haben jedoch auch einen externen Anschluss. Oftmals lassen sich die Campingplätze diesen Zusatzanschluss aber extra bezahlen und es ist dann oftmals auch ein Receiver notwendig.

WLAN. Viele Campingplätze sind mittlerweile mit WLAN ausgestattet. Zumindest im Bereich der Rezeption. Hier gibt es preisliche Unterschiede, einige bieten eine Flatrate an, einige haben Freiminuten inklusive und einige haben freies WLAN. Informationen dazu finden Sie oftmals auf der jeweiligen Homepage. Aus meiner Erfahrung heraus würde ich sagen, Sie sollten sich nicht darauf verlassen, dass immer und überall WLAN geschweige denn Mobilfunk vorhanden ist. Hier sei gesagt, dass es immer noch Funklöcher in Deutschland gibt und auch in anderen europäischen Ländern.

Einige Campingplätze bieten gegen eine kleine Gebühr an, Ihre wertvollen Sachen, wie z. B. Pässe oder Dokumente, in einem Tresor zu verwahren. Für wichtige Sachen ist das keine schlechte Wahl. Nur bitte bei der Abreise nicht vergessen, diese wieder mitzunehmen.

INFORMATIONEN UND REGELN VOM CAMPINGPLATZ

Gleich bei der Anmeldung auf dem Campingplatz sollten Sie sich nach den Regeln und zusätzlichen Informationen auf dem Campingplatz erkundigen. Meist haben die Platzwarte einen Flyer vorbereitet, auf dem alles kurz und knapp beschrieben ist. Dort sind in aller Regel auch die Öffnungszeiten der Waschhäuser, Rezeption und sonstigen Gebäude vermerkt. Bedenken Sie bitte auch nach An- und Abfahrtzeiten zu fragen sowie nach der Einhaltung der Mittagsruhe.

Preise für Waschmaschine, Trocknungsmöglichkeiten und andere Leistungen (z. B. Sauna, Massage, Restaurant etc.) werden meist gesondert angegeben.

Auch hier empfiehlt es sich, Kleingeld parat zu haben oder gleich zu Beginn nachzufragen, ob Wertmarken benötigt werden. Grundsätzlich fällt das einem genau dann ein, wenn die Rezeption geschlossen hat.

Zur Etikette gehört es auch, den zugewiesenen Stellplatz und dessen Grenzen einzuhalten. Sie sollten vermeiden, sich über die eigenen Grenzen auszubreiten. Sie möchten auch nicht, dass der Nachbar mit einem Mal mit seinen Sachen bei Ihnen vor der Tür steht.

Hierzu gehört auch, sein Fahrzeug so zu parken,

das andere nicht belästigt oder behindert werden. Schließlich möchte man auch nicht zugeparkt werden.

Auch Campingtische und Stühle sollten im eigenen Bereich bleiben und so platziert werden, dass niemand gestört wird. Nachts sollte es zusammengeklappt oder zumindest so gestellt werden, dass niemand darüber stolpern kann.

Hilfsbereitschaft gehört auch zum guten Ton. Oftmals ist es nur ein kleiner Handgriff, der hilft. Ein einfaches Fragen und Anbieten der Hilfe gehört einfach dazu. Manchmal benötigt man die helfende Hand beim Rangieren, manchmal ist auch nur ein sehendes Auge beim Suchen nötig. Und da ist man für jede Hilfe dankbar.

Für viele gehört zu einem gemütlichen Abendessen das Grillen. Hier bitte vorher die Platzregeln konsultieren. Auf einigen Plätzen ist das Grillen mit Holzkohle bzw. ein Lagerfeuer nicht erlaubt. In den meisten Fällen ist das Grillen mit Gas aber erlaubt. Grundsätzlich sollte dann aber ein Eimer Wasser zum Löschen daneben stehen. Falls doch mal etwas in Brand geraten sollte, dann ist zumindest fürs Erste ein Eimer Wasser vorhanden. Auch bitte darauf achten, dass der Grillgeruch und auch der Rauch nicht direkt zum Nachbarn ins Zelt bzw. in den Innenraum zieht. Dies führt dann leicht zu Verstimmungen im zwischenmenschlichen Bereich.

Manchmal kündigt sich Besuch an. Diesen bitte an der Rezeption zumindest anmelden und Bescheid geben, das Fremde auf dem Platz sind, die auch dazugehören (evtl. wird eine kleine Tagespauschale fällig). Andernfalls kann es passieren, dass die Besucher als Fremde angesehen werden, die auf dem Platz nichts zu suchen haben. Dies würde zu unnötigen Diskussionen führen.

Ein weiterer Hinweis in Sachen Besuch: Falls Sie neue Freundschaften auf dem Platz geschlossen haben, klären Sie am besten ab, ob gegenseitige (unangekündigte) Besuche gern gesehen sind. Auf dem Campingplatz ist die Distanz zwischen „Tür" und Innenraum sehr kurz und es kann durchaus zu Situationen kommen, die unerwünscht sind. Um solchen Peinlichkeiten vorzubeugen, sollte dies vorab geklärt werden.

GESCHIRR SPÜLEN

Geschirr zu spülen, ist relativ einfach, wenn es einen Abwasser-Anschluss am Stellplatz gibt. Aber hier gilt es zu bedenken, dass dann das Abwasser durch das eigene Fahrzeug geht. Dies kann manchmal zu

Geruchsbelästigung führen und auch Ungeziefer anlocken. Wenn also die Möglichkeit besteht, sollte möglichst am Waschhaus das Geschirr gewaschen werden. Hier aber bitte nach den Öffnungszeiten fragen und wann das Geschirrspülen erlaubt ist.

HYGIENE IM ALLGEMEINEN

Duschen (mit Shampoo) im Freien ist in aller Regel am Stellplatz nicht erlaubt. Im Wageninneren mit Duschkabine ist es erlaubt, sofern das Abwasser entweder direkt abgeleitet oder aber im Abwassertank aufgefangen wird.

Gleich noch ein Wort zum Abwassertank. Sollten Sie nur einen externen Tank (meist ein großer, fester Plastik-Beutel) Ihr Eigen nennen, dann achten Sie bitte darauf, diesen regelmäßig (also zeitnah, nicht regelmäßig einmal pro Urlaub) zu leeren. Dies bewahrt die Umgebung vor Geruchsbelästigung und ist hygienischer. Lassen Sie auch im Waschhaus ein Maß an Hygiene walten. Ihr Nachfolger wird es Ihnen danken. Es gibt zwar einen Reinigungsdienst, aber auch dieser ist nicht 24 Stunden am Tag und nicht unbedingt 7 Tage die Woche im Einsatz. Dazu gehört, Seifen- oder Shampoo-Reste in der Dusche wegspülen, nach dem

Rasieren das Waschbecken zu kontrollieren, Zahnpasta-Reste wegzuspülen, sei es im Waschbecken oder in der Dusche. Und zu guter Letzt: Die Wasser-Reste in der Dusche mit einem Abzieher in den Ausguss zu leiten. Dies vermindert die Rutschgefahr.

Zu empfehlen sind hier noch Badelatschen / Flip-Flops. Sie verringern das Ausrutschen auf den Fliesen und man trägt den Dreck von draußen nicht in den Barfuß-Duschbereich rein.

Des Weiteren sollten Sie darauf achten, dass keine offenen Lebensmittel herumliegen, da sonst Ungeziefer angelockt werden kann, was zu einem Hygiene-Problem werden könnte.

VERHALTEN AUF DEM PLATZ

Unter Campern gibt es eine gewisse Etikette. Man grüßt sich freundlich. Einige etwas ausschweifen–der, einige etwas weniger ausschweifend. Im Allgemeinen duzt man sich, egal, welchen Alters, egal welcher Herkunft. Es vereinfacht das Miteinander, soll aber nicht respektlos sein. Jeder wird dort gleich behandelt, egal, ob er ein Riesen-Wohnmobil hat oder nur ein kleines Zelt. Jeder ist ein Camper.

Vielleicht noch ein Satz in Bezug auf die

Lautstärke: Man sitzt gern abends zusammen, um den Tag ausklingen zu lassen. Dort wird auch mal erzählt und sich unterhalten. Hier bitte im Hinterkopf behalten, dass vielleicht nicht jeder auf dem Platz die Geschichten mitbekommen möchte. Hier gilt es, ein gutes Mittelmaß an Lautstärke und Rücksichtnahme zu finden.

Ein weiterer Punkt in Bezug auf Lautstärke ist die Dämmung eines Zeltes oder Caravans bzw. Wohnmobils. Es gilt zu bedenken, dass diese Gefährten nicht so schalldicht sind, wie Sie es von zu Hause vielleicht gewohnt sind. Dies gilt es zu beachten, wenn es sich um Freizeit-Aktivitäten handelt, die in den äußerst privaten Bereich gehören. Nicht selten kam es schon vor, dass damit mehr als nur ein Nachbar hellhörig wurde. Im günstigsten Fall wird diese Aktivität nach Finalisierung mit Applaus belohnt, was dann in aller Regle mit Schamröte beantwortet wird. Lose Sachen sollten nicht offen liegen gelassen werden. Auch wenn man vielleicht den Nachbar im Verdacht hat, viel öfter sind es kleine Nager oder andere Vierbeiner, die lose Gegenstände stehlen oder anknabbern.

REPARATUREN AUF DEM PLATZ

Bis auf kleinere Reparaturen sind diese am Stellplatz nicht erlaubt. Falls dennoch größere Sachen anstehen sollten, so melden Sie sich bitte beim Ansprechpartner (meist der Platzwart oder Eigentümer) auf dem Platz, dieser hat in aller Regel einen guten Kontakt zu den umliegenden Werkstätten bzw. Geschäften, um solche Sachen durchführen zu können und kann so schnell und effizient einen Kontakt herstellen.

TIPPS FÜR DEN ALLTAG

Krabbeltiere sind gern auf der Nahrungssuche. Da kommt es vor, dass diese dann auch auf dem Campingtisch zu finden sind. Wenn Sie die Füße des Tisches jedoch in ein kleines Schälchen Wasser stellen, dann haben die Krabbeltiere keine Möglichkeit, den Tisch hochzuklettern.

Fliegengitter im Wohnwagen / Wohnmobil unbedingt geschlossen halten. Die Fliegen und Mücken machen sich grundsätzlich dann bemerkbar, wenn man es gar nicht gebrauchen kann, also meistens in der Nacht.

Vor dem Schlafengehen noch einmal gut durchlüften. Senkt die Raumtemperatur und sorgt noch einmal für einen Schwung Frischluft. Damit können die Nacht und der Schlaf starten.

Vor der Abfahrt

ZEIT ZUM PACKEN EINPLANEN

Planen Sie genug Zeit zum Packen ein. Vieles funktioniert nicht immer gleich beim ersten Mal. Das ist oftmals schlichtweg „Tetris für Erwachsene" und da man dann durchaus auch mehrmals packt, vergeht Zeit, die man oftmals vorher nicht bedacht hatte.

Daher ist hier ein Puffer nicht immer die schlechteste Wahl. Sollten Sie dann doch vor Ihrer Zeit liegen, dann ist z. B. ein Tässchen Kaffee auch eine Wohltat und man hat dann noch eine wohlverdiente Pause.

ALLE SACHEN EINGEPACKT?

Sind denn auch alle Sachen eingepackt? Hier helfen oftmals die eingangs erwähnten Checklisten. Das, was Sie mitgenommen haben, sollten Sie also auch auf dem Heimweg wieder dabei haben, sofern es kein Verbrauchsmaterial war.

Ein Rundgang um das Fahrzeug hilft, um nichts zu vergessen.

Haben Sie etwas im Tresor des Campingplatzes gehabt? Wenn ja, dann bitte nicht vergessen, auch diese Sachen mitzunehmen.

Haben Sie während Ihres Aufenthalts etwas verliehen? Wenn ja, bitte wieder einsammeln. Der Ärger und Frust sind daheim größer, wenn Sie nicht daran gedacht haben.

Wenn Sie etwas verliehen haben, machen Sie sich am besten ein „Post-it" oder eine andere Notiz an eine Stelle, die Sie vor der Abfahrt definitiv passieren müssen. So werden Sie automatisch daran erinnert.

KEINEN MÜLL HINTERLASSEN

Es gehört zur Etikette, den letzten Gang zum Müllplatz zu machen und seinen Stellplatz frei von Müll zu hinterlassen. Verschließen oder verdecken Sie auch bitte den Stromanschluss, falls nicht vom Platzwart geschehen, um einem möglichen Kurzschluss vorzubeugen.

RICHTIGE ABFAHRTSZEIT WÄHLEN

Auf den meisten Campingplätzen gibt es ein Zeitfenster, in dem abgereist werden kann, ohne dass dieser Tag zusätzlich bezahlt werden muss. Hier sollten Sie sich vorher nach diesem Zeitfenster erkundigen, damit es am Abreisetag nicht zu bösen Überraschungen kommt.

Melden Sie sich bitte auch an der Rezeption / Information ab, damit auch dort die Rückmeldung erfolgt, dass Sie nicht mehr vor Ort sind.

Zu Hause angekommen

RICHTIGER PLATZ

Sind Sie wieder zu Hause angekommen, dann sollten Sie sich Ihren Platz zum Entpacken und Ausladen gut aussuchen. Gute Erreichbarkeit der Tür, aber auch der Stromanschluss sollten gut zu erreichen sein.

Auch hier gilt, den Stand des Wohnwagens oder Wohnmobils zu sichern, somit am besten auch die Stützen auszufahren, und ganz wichtig: gegen unbeabsichtigtes Wegrollen zu sichern.

LEBENSMITTELKONTROLLE

Nicht benötigte Lebensmittel sollten aus dem Gefährt entfernt werden, um einem möglichen Verderben vorzubeugen.

Die restlichen verbleibenden Lebensmittel gilt es, möglichst trocken zu lagern. Evtl. sollten Sie eine Entfeuchtungsbox (gibt es im Baumarkt oder aber auch im Online-Handel) in der Nähe platzieren.

WÄSCHEKONTROLLE

Sind alle Wäschestücke aus dem Wagen entfernt? Nach Gebrauch bzw. nach einer Reise empfiehlt es sich, alle Wäschestücke zu waschen.

Auch Polster sollten gelüftet werden. Gardinen können je nach Bedarf auch einmal gesichtet und ggf. gewaschen werden. Dadurch werden auch Küchendünste entfernt, falls Sie im Wagen gekocht haben sollten.

FAHRZEUGKONTROLLE

Sind die Bremsen in Ordnung oder sind sie übermäßig beansprucht worden, z. B. bei Bergfahrten? Wenn ja, dann ist unbedingt eine Kontrolle empfehlenswert. Bei Trommelbremsen gern auch durch den Fachmann. Bei Scheibenbremsen ist es auch so ersichtlich.

Auch hier empfiehlt es sich, nicht bis zum Letzten zu warten. Bevor das Gefährt dann wieder reisebereit gemacht wird, sollten Sie auch überprüfen, ob die Bremsen leicht- oder schwergängig sind. Sollten diese schwergängig sein, dann bitte zur Werkstatt gehen.

Schwergängige Bremsen erhöhen die Gefahr des Erwärmens der Reifen und der Felge, welches einen Reifenbrand zur Folge haben kann. Weiterhin „zieht" dann der Wagen zur einen Seite, somit ändert sich das Fahrverhalten beträchtlich und zu guter Letzt erhöht sich auch der Spritverbrauch.

Drahtseil-Kontrolle bei Anhängern ist sehr wichtig. Vor allem auf Spliss und Bruch achten. Wenn der Verdacht besteht, dass auch nur eine Litze (einzelnes Drahtseil) kaputt sein könnte, lieber das komplette Drahtseil wechseln.

Schmierung der Auflaufbremse bei Anhängern sollte erfolgen (verhindert Eindringen von Wasser).

Hierfür gibt es spezielle Punkte, an denen Schmiermittel eingegeben werden kann, meistens über sogenannte Schmiernippel. Dazu benötigt man jedoch das gegenteilige Werkzeug, z. B. eine sogenannte Lukaspumpe. Meistens erledigt das auch der freundliche Kollege in der Werkstatt, gegen eine kleine Spende in die Kaffeekasse.

Sichtkontrolle auf offensichtliche Schäden an Reifen: Jetzt haben Sie noch genügend Zeit, um diese zu wechseln, bevor es wieder auf Reisen geht. Sichtkontrolle auf offensichtliche Schäden an der Beleuchtungsanlage: Durch diese kann Wasser eindringen und es kann zu einem Kurzschluss kommen.

Dreck am Unterboden sollte auch entfernt werden, um Rost vorzubeugen.

Beim Wohnwagen kontrollieren, ob das Stützrad in Ordnung ist. Ist die Verschraubung leichtgängig? Wenn nicht, hier hilft oftmals ein Kriechöl oder ggf. etwas Fett. Schauen Sie bitte auch, ob es verbogen ist. Ersatz-Stützräder können schnell besorgt werden, sollten dann aber auf jeden Fall getauscht werden.

Alle Gummidichtungen an Fenstern und Türen mit Gummi-Pflegemittel behandeln, damit diese nicht spröde werden und reißen.

REPARATUREN

Reparaturen am besten planen. Gut vorbereitet repariert es sich am besten und die Frustgefahr ist weitaus geringer. Sind es Reparaturen, die Sie selbst ausführen möchten, so legen Sie sich am besten eine Liste der zu besorgenden Materialien an. Auch empfiehlt es sich, auf diversen Kanälen wie z. B. YouTube evtl. vorhandene Videos bzw. Tutorials anzuschauen, um mit der Reparatur vertrauter zu werden. Vieles ist dort schon beschrieben und man kann sich gute Tipps zeigen lassen.

Sollten Sie zur Reparatur eine Werkstatt benötigen, sollten Sie auch diese mit Bedacht planen. Das Gefährt muss zur Werkstatt, muss in aller Regel dort verbleiben und wieder abgeholt werden.

WENN DAS GEFÄHRT NICHT IN GEBRAUCH IST

Wenn Ihr Gefährt nicht in Gebrauch ist, empfiehlt es sich, Entfeuchtungsboxen aufzustellen. Es entsteht immer Kondenswasser und dieses sollte nicht die Möglichkeit haben, sich in den Möbeln und Polster festzusetzen.

Machen Sie Ihr Gefährt standsicher. Stützen ausfahren. Bremsen sollten nicht angezogen sein, da diese nach längerer Standzeit sich sonst festsetzen könnten.

Je nachdem, wie lange Sie das Gefährt nicht mehr benötigen und wo es steht, können Sie auch eine Plane darüber legen, falls das Gefährt im Freien steht. Dann ist es zusätzlich noch gegen weitere Witterungseinflüsse geschützt.

Eine feste Überdachung wäre die optimale Lösung. Zu Hause mittels Garage oder Carport oder aber Sie suchen sich eine Unterstell-Möglichkeit, z. B. bei einem Bauern. Dies ist jedoch in aller Regel mit zusätzlichen Kosten verbunden.

Schlusswort

ZU GUTER LETZT

Ich hoffe, ich konnte Ihnen ein paar nützliche Tipps zum Thema Camping geben. Wie eingangs erwähnt, hat dieser Ratgeber keinen Anspruch auf Vollständigkeit, aber er sollte zumindest einen kleinen Überblick geben können, worauf man alles achten sollte.

Und wenn Sie sich zu einem Campingurlaub entscheiden sollten, dann wünsche ich Ihnen allzeit Gute Fahrt, viel Spaß und eine gute Erholung.

Herstellung und Verlag:
BoD – Books on Demand, Norderstedt
ISBN: 9783753495255

© Martin Meiners 2020
1. Auflage
Kontakt: Psiana eCom UG/ Berumer Str. 44/ 26844 Jemgum
Covergestaltung: Fenna Larsson
Coverfoto: depositphotos.com